AF218279

REINO
(ÉRAMOS)

LI
PREMIO
ANTONIO
GONZÁLEZ
DE LAMA
2025

PREMIO NACIONAL DE POESÍA

AYUNTAMIENTO DE LEÓN

León
Cuna del Parlamentarismo

EOLAS
ediciones

REINO
(ÉRAMOS)

Santiago A. López Navia

There was a time when meadow, grove, and stream,
The earth, and every common sight,
To me did seem
Apparelled in celestial light,
The glory and the freshness of a dream.

William Wordsworth

Presente, pasado, futuro… Todo es lo mismo en el
descampado. Aquí está toda tu vida, todo lo que has
sido y vas a ser. Solo tienes que encontrarlo, si tienes
curiosidad y si eres capaz de soportarlo.

David Torrejón

El mundo sin estrenar aguarda, limpio y ordenado, la
llegada de los niños, que van saliendo de uno en uno,
cansados de dormir. El cuerpo, que aún recuerda el calor
del día anterior, a la sombra de los árboles siente frío.

Emilio Gavilanes

Míralo todo bien. Porque muy pronto
desaparecerá.
Nadie nos hizo esa advertencia.

Pedro López Lara

Sweet child in time, you'll see the line.
The line that's drawn between the good and the bad.

**Ian Gillan, Ian Paice, Jon Lord,
Ritchie Blackmore, Roger Glover
(Deep Purple)**

A Florentino Arroyo Lozano,
que fue guardián del reino a mi lado

Índice

Bolardos

Aunque entonces no lo sabíamos
así iba a ser la vida:
el paso decidido, ajeno a la distancia;
el desafío intrépido del vuelo
sin calcular la posibilidad del traspiés;
el salto a veces ágil,

                      a veces torpe,
con las manos arañadas de cemento,
y la caída, que medía
los cuerpos aún en fragua
como un momento casi previsible
de la coreografía de la gravidez.

Alguna vez, también,
el punto amable del reposo
para los planes y las confidencias
al caer de la tarde, en el verano.

Así iba a ser la vida, pero entonces
no podíamos siquiera imaginarlo,
y los bolardos solo eran bolardos,
no símbolos silentes de otras cosas,

y solo eran el salto, el vuelo, la caída
y el golpe seco y sordo.

Todo esto lo supimos mucho más tarde,
cuando dejamos de mirar con nuestros ojos,
cuando ya no había bolardos en las calles
y las calles dejaron de ser nuestras

para siempre.

Calle principal, domingo

Nimbada por la luz
distinta del domingo
la calle principal atesoraba todas las certezas
y todos estrenábamos la vida,
luciendo,
             seres únicos,
las galas rescatadas del armario.

Trazábamos entonces
los límites de un mundo conocido de ida y vuelta
y las mismas cosas
nos parecían diferentes
(quizá era diferente la mirada).

En los lugares
vacíos e invisibles días antes
era posible ahora la sorpresa:
las frutas escarchadas, los martillos
                                    de caramelo rojo
que nos llamaban, tentadores, próximos,
desde los tenderetes instalados en la acera;
el último churrero que volvía,
cargados de sueño los ojos;

los niños que bajaban
—la raya marcada con colonia, los lazos en las trenzas,
la fe sencilla (aquella hoguera
que muchos dejarían extinguirse
invierno tras invierno, año tras año)—
a la misa de las once;
el saludo amable, la risa impostada,
muchas veces a pesar de tantos dolores,
y voces que envolvían
palabras de huida o de esperanza
desde el fondo de las bodegas.

Ir, volver, la vida, el mundo.

Y todo era una calle.

Canicas

Para poder hablar de una canica
con la autoridad necesaria,
resulta casi imprescindible
haber sentido alguna vez su peso
en el fondo generoso del bolsillo
de un pantalón redimido por unas rodilleras;
haberla sacado clandestinamente
para aliviar el tedio con su tacto,
proponiendo una fuga íntima
de las paredes grises de un aula
asediada por una cantinela
que solo el roce del cristal alejaba
de la pesada inminencia del letargo,
y devolverla luego a su sitio, lentamente,
por debajo del pupitre
para volver más tarde a su llamada
en el dominio abierto de la calle.

No se puede hablar con propiedad de una canica
sin haberse rendido a sus misterios:
la veta de color casi flotando
en medio del cristal, el brillo
arrebatado al sol del mediodía,

su rodada sin huella,
el ruido limpio de su impacto y, sobre todo,
el duelo de su pérdida en la apuesta
con aquel mordisco sentido y hondo,

                              aquel dolor

de saber que ya nunca volverían
las cosas pequeñas que queríamos.

Cartones

Sí, fuimos arquitectos
de construcciones fugaces.
Con todo nuestro tiempo en los bolsillos
levantábamos un castillo inexpugnable, altísimo,
desde el que todo prometía un horizonte de conquistas,
o un fuerte al que volvíamos,
alta la frente, agotados, polvorientos,
tras haber vencido
                    en desigual batalla
hordas aullantes, ferocísimas
de comanches invisibles
aceptando alguna vez una herida imaginaria
que luego restañábamos, expertos taumaturgos,
con el mismo palo que fue arma en el combate.

También dominábamos,
ingenieros precoces,
la construcción de naves espaciales,
señores del espacio sin movernos,
y habitábamos guaridas exentas
(superhéroes invictos
en un mundo gobernado por villanos),
donde nadie podría descubrirnos.

Sabíamos desde el primer momento
que aquel universo gozoso,
efímero, proteico,
apenas duraría una jornada,
porque antes o después lo borrarían
la precaria avidez
del trapero afanado en la busca,
la catástrofe imprevisible de una tormenta,
o la rapiña insaciable
de aquellos que sabíamos más fuertes,
ante quienes rendíamos las armas
cediendo, complacientes, el tesoro,
las manos ya vacías
                              y el corazón intacto
dispuestos a encontrar, irreducibles,
otra felicidad, otros motivos,
sin que nadie pudiera presentir
la sorpresa inminente,
la decepción agazapada,
dispuestas a salir a nuestro encuentro
en una encrucijada, en una esquina,
en todos los lugares que sabían nuestros nombres.

Chapas

Confiábamos primero el recorrido
a la máquina infalible
de nuestras palmas extendidas,
y allí donde antes solo había tierra
brotaba un circuito: las curvas cerradas, las rectas,
y un puerto de montaña imaginado
en la casualidad de algún montículo.

Después era el alarde
previo a la carrera, la nómina imbatible
de los ciclistas que seríamos,
desgranando, como un conjuro,
sus logros, sus victorias,
que hacíamos nuestras
con la certeza inconquistable
de quien podía ser todas las cosas.

Y cuando se iniciaba la carrera
ya no éramos nosotros,
                              niños resueltos en voces
que proclamaban las hazañas de los héroes,
                              porque ya éramos
un solo corazón en marcha,

jinetes de bicicletas imposibles, recolectadas
en los suelos de todas las bodegas
con la mirada experta
para elegir las más capaces,
las más pequeñas, lisas, sin dobleces,
sin que nada frenara el impulso de nuestros dedos,
motores irrompibles, siempre a punto.

Y así nos entregábamos,
sin querer saber nada de relojes,
a escribir la historia de una tarde,
jinetes de la arena, viajeros sin descanso
del polvo de la calle, tan de todos,
las manos, las rodillas desolladas,
sin que nada pesara,
                              sin que nada doliera,
pues todo lo importante transcurría
a ras del suelo, justo a nuestros pies.

Charco

Bastaban las lluvias de invierno y primavera
para traer todas las aguas del planeta
a la calle anegada.

Entonces elegíamos
los nombres de los ríos que creíamos sin orillas:
el Nilo, el Amazonas;
los nombres de los mares lejanos,
soñados acaso en la trepidación de una película
(mejor si eran el Caribe o el Pacífico),
y en las corrientes veloces
que convocaban los sumideros
los palos eran barcos en carrera
que se precipitaban al vacío

                         cuando nada sabíamos
del vórtice insaciable del Maelstrom
o la fosa abisal de las Marianas;
cuando gobernábamos las mareas,
enormes Neptunos en katiuskas,
disfrutando, indolentes, el regalo
del asfalto inundado:

                    todo el mar
extendido a nuestros pies

y el tiempo justo
y la audacia necesaria;
cuando en algún movimiento
del tímido oleaje intuíamos
la presencia letal de la ballena,
la amenaza del kraken acechante

                                y serpientes
silenciosas e inabarcables
con las que combatíamos
desde el refugio cierto de la acera.

Cuando, siempre héroes,
piratas, balleneros, almirantes,
volvíamos impávidos, intactos, victoriosos
desde el mismo centro,
recóndito, soñado,
de todos los océanos posibles.

Cine de verano

En aquella pantalla desahuciada,
mapa de zurcidos torpes,
nos enrolábamos en las legiones de la Roma invicta
o en batallones perdidos en las costas del Pacífico,
y confortados por la promesa de una corneta lejana

                                                    éramos

húsares, dragones o jinetes
del séptimo de caballería (por supuesto),
y emergíamos, victoriosos,
confundidos con el polvo de la batalla

                                    o gloriosamente heridos

y moríamos la muerte de los otros
como solo saben morir los héroes:
serenos, la mirada al infinito, la voz templada,
sin un aspaviento, despidiéndonos,
enamorados hasta el aliento último
de algún amor lejano
a cuyos brazos nunca volveríamos.

Y cuando la pantalla se apagaba y nos marchábamos
y todo era un silencio de penumbra y madrugada,
los fantasmas de los caídos
(leales camaradas o enemigos atroces)

salían a buscarnos, perdidos y confusos,
con aquella soledad que rompe el alma a quien no entiende
en qué batalla cayó,
                    por qué cayó en la batalla.

Coche abandonado

Un día aparecía en nuestra calle
como un misterio más,
cuando nuestra mirada se afanaba en reinventar
el mundo a nuestro paso
                      con esa lente azul
que prometía una aventura en cada cosa.

Lo abordábamos, casi salvajemente,
sentándonos por turnos al volante,
venciendo la obstinación de un motor enmudecido
con el rugido báquico, animal,
de todas las gargantas confundidas.

Entonces, ya lanzados en el trance,
podíamos acometer aquella agenda
escrita en otro asfalto, en otros mapas
(Monza, Le Mans, Chicago, Nueva York)
y ya no había niños al volante,
                      pues éramos
pilotos de carreras, gángsteres audaces,
o policías incorruptibles, velocísimos,
guardianes implacables de aquella ley ajena
que aprendíamos en las pantallas cada tarde.

Y no nos importaba
que aquella estructura muerta
fuera menguando día a día, hasta hacerse
esqueleto noble de un animal prehistórico
o de un enorme pez varado en la playa de una isla,
sin que nuestro programa cediese ni un milímetro
a pesar de la amenaza inminente del óxido
que acechaba en las rebabas y en los muelles,
hasta que una mañana
                              (otro misterio),
aquel amigo fiel de hierro
y de cristales rotos a pedradas
era ya solo el vacío de una gran mancha de aceite
donde quedaba escrita la epopeya
de nuestra conquista y nuestro duelo.

Al menos ya podíamos contarlo:
no hay nada como un coche abandonado
para ir a cualquier sitio sin moverse.

Cromos

Aquella revelación resuelta en papel y en colores,
aquel destello inmóvil,
fue el pórtico de nuestra enciclopedia,
nuestro primer manual de geografía,
nuestro primer billete en el viaje
de la vida, del mundo.

Dueños de aquel tesoro, nos pensábamos
etnógrafos, botánicos,
                        y éramos
amos de flores, animales, árboles
y rocas alojadas en canchales sitibundos
donde solo llegábamos nosotros,
                            y éramos
señores absolutos de las máquinas, ases triunfantes
aclamados en todos los estadios.

Y para no perder
esa ventana abierta a todo,
entomólogos con alfileres de pegamento,
fijábamos los cromos a las páginas de un álbum
                            y ya eran

eternas mariposas
que solo volverían a volar en nuestras manos.

Descampado (siempre)

Charcos, palos, barro, piedras,
margaritas, amapolas,
avena salvaje, espigas, cardos, arbustos, vilanos.

Ratones, escolopendras, lagartijas, perros, pájaros,
gatos, arañas, lombrices, mariposas, mariquitas,
saltamontes, zapateros.

                  Combustibles, comburentes,
botes, cristales, cascotes, juguetes rotos, pintura,
plástico, cartones, lana, muebles desterrados, óxido.

Sorpresa, herida, secreto,
carrera, descubrimiento, grito, escondrijo, aventura,
fuga, tierra prometida,
primer amor escondido, tarde en celo
                        (¿fue pecado?).

Baste esta muestra incompleta para abrir el inventario.
Todo viejo. Todo nuestro. Todo roto. Todo aquí:
equilibrio,
        acecho,
            pérdida,
                malabarismo,
                    derrota.

Escalera

Aquel bucle previsible, vertical,
evocaba las entrañas
de un paquidermo amable y cansado
casi ya fuera del tiempo,
y en cada escalón, en cada descansillo,
detrás de cada puerta, percutía
el tambor arrítmico de su latido:
las radios encendidas, las canciones
entreveradas con el almidón,
que hacían más ligera la colada;
el consuelo hecho silbido de la espita de una olla;
el timbre en orfandad de algún teléfono,
alguna risa, alguna tos, un llanto;
el nombre pronunciado en alta voz
que alguien respondería

                      o aquel nombre
dicho en voz baja como una oración,
como una invocación, como un conjuro
que encadenaba al mundo a quienes ya no estaban.

El reino, un día más, estaba en orden.

Escondite

Pensarnos invisibles era el único secreto,
difuminarnos, desaparecer,
ser árbol, muro, hueco, sombra, esquina,
en el abrazo cómplice del ocaso.

Después quedarnos quietos y en silencio,
fundirnos con el perfil de la piedra o la madera,
o agazaparnos heroicamente,
                              camuflados en nada,
en algún rincón mínimo
que parecía empeñarse en delatarnos.

Luego correr, salvarse (ese era el verbo)
o ser nombrados por quien nos buscaba
acechando la traición de algún ruido:
el roce de las suelas en la carrera incipiente,
o los susurros desprevenidos
de quienes animaban a los otros a emprenderla.
Y así ronda tras ronda, infatigables,
hasta que la celada inaplazable de la noche
ya no admitía sombras
y todo nos llamaba a retirarnos.

(Tal vez ahora, en esas mismas calles
que no parecen ya ser tan de todos,
no nos atreveríamos a repetir el rito

                                           por no saber qué nombres
no podríamos volver a pronunciar, por no saber
quiénes no volverían jamás de su escondite,
por no saber quiénes responderían
con ese grito roto que ya no puede oírse
desde un rincón perdido en el olvido,
desde esa ausencia muda que no entiende de nombres).

Fogata

Más tarde conseguimos entenderlo:

                                no era la luz,
tampoco era el calor lo que buscábamos;
era saber que fuimos
parte de un rito fuera del tiempo,
poseedores de un secreto prohibido,
cómplices indomables
de la vieja traición de Prometeo.

Lo que nos alentaba
era la salvaje enajenación del grito,
el salto al filo mismo de la llama,
el riesgo de la herida y los detalles
teñidos de epopeya
después, al relatárnoslo,
ya todos bautizados
por aquellas lenguas
que nos buscaban, ávidas,
y alguna vez, en la ebriedad del momento,
mordían nuestra carne
dejándonos una herida de guerra
que sería la envidia de los otros.

Lo que queríamos tan solo
era romper las reglas
de aquellos que creíamos
dueños del mundo
                              para después contarlo
tras haber aullado, poseídos
por todos los espíritus expulsados de la tierra,
sintiéndonos entonces
caníbales, druidas, pieles rojas,
celebrantes atroces,
transidos, felices, inocentes,
del aquelarre eterno de la infancia.

Montones

Feliz aquel que un día
se convirtió en el rey de la montaña
batiéndose, hombre a hombre, feroz, con sus rivales
después de haberse lanzado victorioso hacia la cima
y haberse sostenido en pie un momento,

                             antes de su caída,

para ceder el cetro en la contienda
a otro monarca efímero
en un relevo incontable de reyes caídos, amontonados
al pie mismo del montículo,
sucios, destronados, rotos,
libres quizá como nunca volveríamos a serlo.

Peonza

Convocados por aquel milagro
de madera y acero nos lanzábamos
a un círculo imperfecto hecho en la arena.

Arrebatados por aquella danza
                           éramos
derviches giróvagos sumidos en el trance, ebrios de vuelo;
gladiadores formidables, empeñados
en ser los amos únicos del circo,
                           hecho tan solo
para rendir homenaje a nuestra gloria.

Luego regresábamos a nosotros,
ya fuera del perímetro,
para ser atlantes inabarcables, y sabíamos
tomar la peonza en la palma de nuestras manos
sin quebrantar el vértigo del giro,
                           sin alterar su verticalidad,
y la devolvíamos, orgullosos, al centro de su dominio,
en donde persistía su equilibrio
hasta frenar su ímpetu
y detener, exhausta, su viaje.

Muy lejos todavía
del mundo y sus abismos,
nadie nos contó nunca
que antes de desmembrarlo, los titanes
sedujeron a Dionisos, incómodo dios niño,
con una trampa alegre de juguetes
donde también había una peonza.

Piedras

Fundidas con nuestras manos,
las piedras eran materia fecunda,

                    herramienta posible
para levantar el mundo y derribarlo.

Así los postes que delimitaban
las dimensiones imaginarias de una portería.
Así las casitas que edificábamos
con piedras que eran pared y límite,

                    puerta y distancia,
en una arquitectura horizontal.
Así el tejo que empujábamos saltando
para surcar el mapa breve de la rayuela.
Así el proyectil exacto y afilado que derribaba el bote,
o hería, ciego, en la drea,
o se lanzaba al charco o al arroyo
para agotar las horas indolentes,
y el peso que medía nuestra fuerza en el alarde
o apuntalaba un refugio frágil
(cartón, trapo, madera).

Así el canto pequeño
que hacíamos saltar en la patada

con la que dibujábamos, artistas indomables,
el vuelo sin retorno del hastío
y a veces el mordisco de la rabia en las arterias.

Plaza

La plaza cada día
podía serlo todo
y todo al mismo tiempo.

Cuatro piedras bastaban
para edificar estadios imaginarios, perentorios,
donde librábamos finales únicas cada tarde,
saldadas con goles acordados, regidas
por reglas que trascendían la inmanencia y la geometría:
bandas etéreas, largueros evanescentes
cuya altura exacta, sin embargo,
todos veíamos, leales,
seguros de la precisión de nuestros ojos.

También era posible aprovechar
el regalo del barro en el invierno
para clavar la lima,
                              conquistadores ávidos de la tierra de los otros,
y cuando el verano serenaba la arena
no había mejor pista
para acoger los aviones de papel
que lanzábamos al aire

creyendo ser avión,
             creyendo ser vuelo,
                          creyendo ser pilotos, dueños únicos
del imperio transparente de la atmósfera.

Y algún domingo, al mediodía,
la plaza era la pista principal
de un circo improvisado
en el que una trompeta
se acompasaba a las proezas
de una cabra hecha huesos,
torturada por encontrar el equilibrio,
o al baile vertical de un perrito amaestrado
ajeno a su propia danza,
así como veíamos bailar el mundo entonces.

Recreo

Mucho antes de que los conceptos
emprendieran su imparable avanzadilla
desde la vasta línea de trincheras
del índice de nuestros primeros libros;
mucho antes de asumir la ortodoxia innegociable
de las primeras lecciones de ortografía y álgebra,
nosotros ya supimos que el recreo era un paréntesis
en el que escribíamos, gramáticos rebeldes,
precoces iconoclastas,
las cosas que importaban y no las accesorias,

                      y donde éramos,
(matemáticos indignos de Pitágoras),
aquellas incógnitas que acaso un día despejaría el tiempo
                      o quedarían atrapadas
en el problema inextricable que es la vida,
o tenderían a un infinito hecho horizonte de esperanza,
o tenderían, sin multiplicarse,
sin haberse elevado tan siquiera
a la mínima potencia,
a ese cero indivisible en el que todo se termina.

Rumor (ciudad a lo lejos)

Por la mañana, desde la ventana abierta,
enmudeciendo el chillido de los gorriones, pioneros
de los confines difusos del alba,
entraba el bramido de aquel animal insomne
que ponía en pie su mole suplicante.

Qué desafío imposible, el silencio.
Aquel aullido entrañaba los dolores de las cosas,
el rumor de las cloacas, el zumbido de los cables,
la balada de las ruedas entregadas al asfalto,
la sinfonía acerada de los túneles del metro,
las sirenas de las fábricas y de las ambulancias,
el sonido confidente de las puertas que se abrían,

                                      el ruido sordo

del portazo que dejaba atrás la casa
como el perro que vigila hasta el regreso de su dueño.

Las mujeres, los hombres,
sus angustias, sus anhelos, sus derrotas,

                                 sus renuncias, su esperanza,

eran un solo grito acompasado,
víctima propiciatoria en el altar de un día nuevo
donde se alzaba una hoguera inextinguible, insaciable,

en la que ardían las almas sin que se oyesen sus súplicas, sin que importasen sus lágrimas.

Y al fin amanecía.

Sin más, amanecía.

Sótano

En el abrazo total de la penumbra
aquello que olvidamos
aún reclamaba su nombre,
que ya solo pronunciaban
los fantasmas que habitaban sus vacíos.

Nada invadía, nada quebrantaba
los fueros proclamados por el silencio.
Como en sordina, alguna voz entraba
filtrada con la luz en la rejilla
desde la calle, donde transcurría
otra vida regida por otro tiempo;
                              alguna vez, también
el zarpazo sordo de un fósforo encendido
daba vida a una vela
que enunciaba el perímetro necesario
para no despertar los misterios
que dormían arrullados
por la nana intermitente de las tuberías.
(Por eso al hablar nos imponíamos
un susurro acolchado que moría
en las paredes desnudas).

Más allá, pero muy cerca
de aquel haz de luz imprescindible
se adivinaba un inventario incompleto de la memoria
en el que amontonábamos
aquello que jamás rescataríamos
y parecía empeñarse en esperar
la resurrección imposible de las cosas.

Todo tan lejos del mundo en ese instante
                                    y tan cerca
de aquellos cimientos lábiles
traicionados por la arcilla,
en los que un día un río subterráneo
de grietas insaciables
abriría un abismo.

© de los textos: Santiago A. López Navia
© de la edición: EOLAS EDICIONES

Diagramación: contactovisual.es
Fotografía de portada: sandsun / istockphoto.com
ISBN: 979-13-87753-48-1
Deposito legal: LE 434-2025
Impreso en España - Printed in Spain